Dieter Heri Mader

AF694615

Geisterjäger

Zum Leben gehört mehr als das, was wir anfassen und somit „begreifen“ können.

Wesentliche Bestandteile der Existenz befinden sich im unsichtbaren Bereich unseres Universums.

„Geister“ sind überaus real.

Es ist an der Zeit, dass wir die Menschen, welche Spukerscheinungen erleben, mit dem, was sie uns erzählen und berichten, als „möglicherweise absolut glaubwürdig“ einstufen.

Das „Verrückte“ liegt oftmals nur außerhalb unserer eigenen Wahrnehmungsmöglichkeiten und ist häufig ganz natürlich und erklärbar.

Dieter Heri Mader

Geisterjäger

Vom richtigen Umgang mit Spukerscheinungen, Poltergeistern und Verstorbenen

MERANO-VERLAG

Bibliographische Information der Deutschen Bibliothek:
Die Deutsche Bibliothek verzeichnet diese Publikation in der Deutschen Nationalbibliographie; detailliertere bibliographische Daten sind im Internet über <http://dnb.d-nb.de> abrufbar.

© November 2011 – Dieter Heri Mader
1. Auflage

Herstellung: Books on Demand GmbH, Norderstedt
Printed in Germany

ISBN-13: 978-3-9806781-6-2

Inhalt:

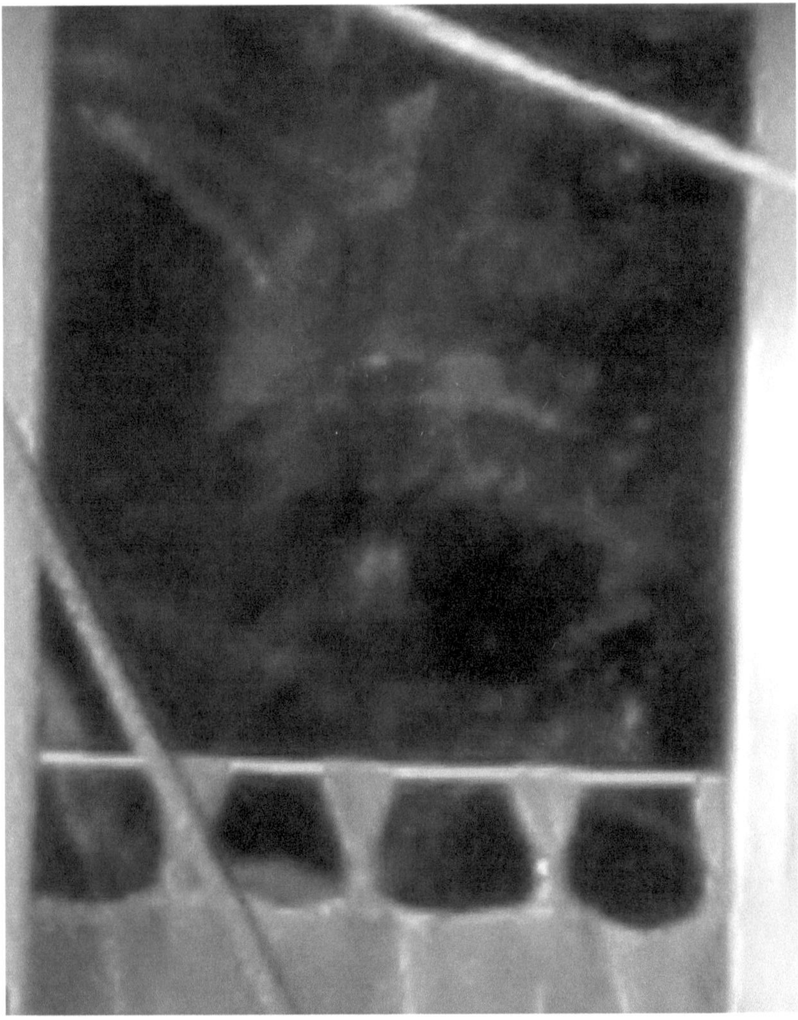

Ein Gesicht im Fenster?

Vorwort

Schon als Kind habe ich mich für alte Spukhäuser interessiert und wollte all die gruseligen Geschichten hören, über die Geistererscheinungen und das Unheimliche, das man sich in dem kleinen Dorf, in dem ich in jungen Jahren lebte, hinter vorgehaltener Hand erzählte.

Mit etwa 13 Jahren habe ich dann angefangen, in den Ingolstädter Buchläden ganz gezielt nach Fachliteratur über Spukerscheinungen, Geister, das Leben nach dem Tod und all diese Dinge zu suchen, um möglichst viel über diese für mich höchst interessanten Themen zu lesen.

Nun – aus heutiger Sicht kann ich sagen, dass es zahlreiche „Beweise“ für Spukerscheinungen gibt, und dass immer wieder Menschen behaupten, selbst einen „Geist“ gesehen zu haben.

Manche wollen auch Fotos geschossen haben und sind sich sicher, darauf eine halbdurchsichtige Gestalt zu erkennen, einen Lichtschimmer oder Schleier oder was auch immer.

Wie bei den Ultraschallaufnahmen eines Ungeborenen Babys im Mutterleib braucht man entweder sehr viel Phantasie oder aber viel Erfahrung, um solche Bilder möglicherweise richtig zu interpretieren. Sie sehen schon – ich versuche vieles ganz vorsichtig zu beschreiben.

Bei all diesen Spukgeschichten und Geistererscheinungen handelt es sich häufig um Phänomene, von denen wir nur erzählt bekommen, wobei uns andere irgend etwas berichten, das wir selbst aber normalerweise nicht immer zu Gesicht bekommen. Vieles bleibt für uns im Bereich von Glauben und Spekulation.

Und genau dort gehört es meiner Meinung nach nicht mehr länger hin.

Wir sollten heute mit allen unseren wissenschaftlichen und auch spirituellen Erkenntnissen durchaus in der Lage sein, selbst Spukerscheinungen glaubwürdig zu beschreiben.

Wenn schon die meisten „Beweise“ für die Augen eines Menschen und vielleicht sogar für die Linse einer Kamera unsichtbar sind, so gibt es doch auch Fakten, die sich nicht leugnen lassen.

Letztlich – falls Sie selbst auch davon betroffen sein sollten – zählt doch immer nur der ganz persönliche und individuelle Eindruck, den Sie selbst von der ganzen Sache haben.

Falls Sie also in einer Situation stehen, die Sie glauben lässt, es könnte sich bei dem, was Ihnen da widerfährt, vielleicht um einen Spukgeist oder sonst etwas Unheimliches handeln, dann sollten Sie Ihre Gefühle durchaus ernst nehmen.

Wenn Sie glauben, Sie haben es mit einem Spukgeist zu tun, dann sollten Sie zunächst immer davon ausgehen, dass Sie damit möglicherweise Recht haben.

Im nächsten Schritt sollte dann für eine Lösung gesorgt werden. Und glauben Sie mir – diese Lösungen gibt es.

In diesem Buch werde ich Ihnen einige praktische Beispiele für solche Lösungen zeigen und Ihnen dabei auch erklären, wie man demnach richtig Geister jagt!

Es mag anmaßend klingen, aber die meisten Menschen, die sich auf die Geisterjagd begeben, machen es leider immer noch falsch.

Wenn Sie dieses Buch gelesen haben, dann werden Sie Möglichkeiten kennen, die praxiserprobt sind und auch wirklich funktionieren.

Das bedeutet nicht, dass Sie selbst alles „nachmachen können“ und damit ebenso erfolgreich sein werden.

Allerdings bedeutet es durchaus, dass ein Mensch, der in geistig-spirituellen Dingen bereits bewandert ist oder vielleicht selbst auch schon das ein oder andere Mal energetisch gearbeitet hat, durchaus mit den beschriebenen Methoden gute Erfolgsaussichten hat, solche „Spukerscheinungen“ wirkungsvoll „loszuwerden“.

Ich wünsche Ihnen bei der Lektüre dieses Buches den allergrößten Spaß und falls Sie selbst danach auf die Geisterjagd gehen sollten, dann wünsche ich Ihnen viele ergreifende, beeindruckende sowie bewegende Momente und natürlich, dass Sie im Sinne aller Beteiligten von Erfolg begleitet werden, bei allem, was Sie tun.

Danke für Ihr Interesse an diesem doch immer noch etwas ungewöhnlichen Thema, mit dem unsere so aufgeklärte Gesellschaft bis heute noch nicht so recht vertraut ist.

Mögen meine Worte und Ihre eigenen Erfahrungen dazu beitragen, dass Menschen, die von Geistern sprechen, nicht mehr länger als „Verrückte“ angesehen werden, sondern dass wir es auf allen Ebenen als reale Wahrnehmungen betrachten, die Ihre Berechtigung haben und für die es auch passende und wirkungsvolle Lösungen gibt, sofern wir solche anstreben.

In diesem Sinne wünsche ich Ihnen viele interessante Kontakte mit den gruseligen Unbekannten!

Ihr Dieter Heri Mader

Spukkapelle im Schambachtal

Wie sich Spukerscheinungen zeigen

Meine Mutter erzählte mir die folgende Geschichte:

„Als Kind war ich mit meiner Schwester öfter mal bei der kleinen Kapelle im Schambachtal. Wir sind immer hingegangen um dort zu beten. Eines Tages waren wir wieder in der kleinen Kapelle und auf einmal hörte ich ein Schluchzen und Weinen. Ich habe meine Schwester angeschaut, aber sie war es nicht. Da bin ich aufgestanden und um die Kapelle herumgegangen, weil ich wissen wollte, wer da weint. Aber ich habe niemanden gesehen. Mir ist richtig gruselig geworden und ich bin dann mit meiner Schwester ganz schnell nach Hause gelaufen."

Interessant ist dabei, als ich im Alter von 14 Jahren nach der Lektüre einiger Sachbücher behauptet habe, es gäbe tatsächlich „Geister", dass meine Mutter ernsthaft zu mir sagte: „Ach, Bub, spinn doch nicht. So etwas gibt es nicht!"

Aus heutiger Sicht weiß ich, dass der menschliche Verstand „Geister" nicht immer ganz richtig begreifen und einordnen kann. Einerseits sind dort deutliche Wahrnehmungen, wie Geräusche oder Stimmen und andererseits wird die Existenz von „Geistern" dennoch standhaft geleugnet. Zurück bleibt dann stets das „Unerklärliche".

Dabei wäre es doch so einfach:

Du hast ein Geräusch wahrgenommen? Geh davon aus, dass es real ist!
Du kannst Dir nicht erklären, was es ist? Alles Bekannte kannst Du ausschließen? Es könnte eigentlich nur noch ein Geist gewesen sein, aber daran glaubst Du nicht?

Die Lösung lautet: Nimm einfach einmal für einen Moment an, dass es vielleicht doch ein Geist gewesen sein könnte.

Damit hast Du alle Erklärungen und das Erlebte macht plötzlich wirklich einen „Sinn“.

Beispiele dafür, dass es tatsächlich immer wieder sogenannte „unerklärliche Phänomene“ gibt, erlebt wohl jeder Mensch in seinem Leben. Oft sogar mehr als nötig wären, um das Unfassbare als wahrscheinlich akzeptieren zu können. Und doch fällt es unserer Gesellschaft selbst heute noch schwer, an Geister oder Spukerscheinungen ernsthaft zu glauben.

An dieser Stelle möchte ich noch ein paar Begebenheiten aufführen, die ich selbst direkt miterleben konnte.

Im Westerhofener Schloss, einem alten Gebäude aus der Römerzeit, soll es spuken. Dort lebt eine Rock-Band in einer Wohngemeinschaft und ich hatte vor einigen Jahren die Gelegenheit, dieses Schloss einmal von innen zu besichtigen.

Dabei konnte ich auch mit einem der Bandmitglieder sprechen, der mir Folgendes berichtete:

„Als wir hier eingezogen sind, haben wir einiges renoviert. Ich habe mal ein Loch in die Wand gebohrt und als ich direkt davor stand, hat es mir aus dem Loch den Staub direkt in die Augen geblasen. Und seltsam ist auch, dass es hier ständig die Türen zuschlägt, wenn nur einer von uns alleine im Haus ist. Das ist richtig unheimlich. Ich weiß, dass es hier spukt.“

Schaut man sich die Dorfchronik an, dann findet man dort auch zahlreiche Berichte über seltsame Erscheinungen, unter anderem auch eine Geschichte, dass es beim Westerhofener Schloss einen unterirdischen Gang geben soll, in dem ein Reiter mit einem kopflosen Pferd herumspukt, der alle Lebenden, die sich in den Gang wagen, zu Tode erschrecken soll.

Kann es sein, dass in solchen alten Geschichten tatsächlich ein wahrer Kern enthalten ist?

Als mein Vater vor einigen Jahren starb, hat meine Mutter mir erzählt, dass sie einige Male seine Anwesenheit deutlich gespürt hat. Mal als kalten Hauch, dann als Berührung am Arm und manchmal auch durch den Geruch seines Rasierwassers.

Berichte solcher Art gibt es viele. Mag es nur Einbildung der Trauernden sein oder ein Zeichen der Verstorbenen, die damit zeigen wollen, dass sie noch „da sind“ und auf andere Art unsichtbar weiterleben?

Als ein Fluglehrer aus Beilngries eines plötzlichen Todes verstarb, stand dessen Frau mit der Flugschule ganz alleine da. Sie hatte wirklich enorm viel zu bewältigen, um den Flugbetrieb und die Ausbildung der Flugschüler mit Hilfe mehrerer anderer Aushilfs-Fluglehrer aufrecht zu erhalten.

Seltsam war, dass in den Tagen und Wochen nach dem Tod Ihres Mannes beinahe alle technischen Geräte der Flugschule in Beilngries Fehler in ihrer Funktion zeigten. So gab zuerst das Fax-Gerät „den Geist auf“, dann war der Drucker kaputt und kurz darauf machte das Telefon derartige Probleme, dass es ausgetauscht werden musste. Auch der Computer spielte mehr als einmal „verrückt“ und die Frau des Verstorbenen war fast schon am verzweifeln, weil sie glaubte, dass alles „wie verhext“ sei.

Kann es sein, dass der Verstorbene hier versuchte, seiner Frau Zeichen zu geben, damit sie erkennen sollte, dass er noch lebte?

Meine Mutter erzählte mir auch, dass während ihrer Kindheit einmal eine Tante verstorben war. Bei allen drei Schwestern dieser Tante blieb an diesem Tag die Armbanduhr zum Zeitpunkt des Todes stehen.

Eine andere Geschichte, die mir meine Mutter erzählte, war die von zwei Freunden. Da beide nicht so recht an ein Leben nach dem Tode glauben wollten, vereinbarten sie, dass derjenige, der zuerst sterben würde, dem anderen ein Zeichen geben sollte.

Und tatsächlich wurde nach dem Tod des Einen beim Anderen an drei Tagen nacheinander jeweils die Küchenuhr zur Zeit der Todesstunde wie von Geisterhand angehalten.

Eine Frau, die ich sehr gut kenne, hat mir berichtet, dass während ihrer Schwangerschaft ihre Küchenuhr jeden Tag um Punkt 5 Minuten vor 12 Uhr stehen geblieben ist. Sie war dadurch so beunruhigt, dass sie zum Frauenarzt ging, der dann bei der Untersuchung feststellte, dass das ungeborene Kind im Mutterleib abgestorben war.

Der leblose Körper des Ungeborenen musste vom Arzt entfernt werden, damit die Mutter nicht vergiftet würde. Es war bereits allerhöchste Zeit für diesen medizinischen Eingriff.

Die naheliegendste Erklärung wäre es, anzunehmen, dass die Seele des ungeborenen Kindes täglich diese Uhr angehalten hat, um die werdende Mutter zu warnen.

Wenn so viele Uhren unabhängig voneinander zu solch ungewöhnlichen Zeiten plötzlich stehen bleiben ist das in der Summe der Ereignisse schon ein wenig seltsam, finden Sie nicht?

Es gibt auch viele Berichte, dass ein Verstorbener zum Zeitpunkt seines Todes bei den Kindern oder bei nahen Angehörigen im Zimmer oder im Traum erscheint.

Alles nur Einbildung oder pure Zufälle? Was glauben Sie?

Was geht hier vor? Wie lassen sich alle diese seltsamen und merkwürdigen Ereignisse erklären, so, dass wir es mit unserem rationalen Verstand begreifen können?

Nun – wenn Sie mich fragen, dann biete ich Ihnen die folgende Erklärung an:

Beim Tod eines Menschen wird der Astralleib, oder auch die Seele, vom physischen Körper des Menschen getrennt. Dieser Astralleib ist in der Lage, die Umgebung, in der sich der Körper des Verstorbenen befindet, deutlich wahrzunehmen.

Es gibt zahlreiche Berichte von Menschen, die klinisch tot waren und dann erfolgreich wiederbelebt werden konnten.

Diese Menschen berichten davon, dass sie gesehen haben wollen, wie sie über ihrem eigenen Körper geschwebt sind. Sie konnten alles im Raum sehen und konnten – obwohl sie zu dieser Zeit nachweislich klinisch tot waren – nach der Reanimation durch die Ärzte genau berichten, was während der Zeit bis zur Wiederbelebung vom Ärzteteam getan wurde.

Sie berichten, was gesprochen wurde, und auch zum Beispiel, dass eine Schwester den Raum verlassen hat, sich im Nachbarraum (also praktisch hinter der Wand!) mit einer anderen Schwester unterhalten hat. Sie können genau sagen, was gesprochen wurde und hatten dann irgendwann das Gefühl, dass sie wieder in den eigenen physischen Körper zurückgezogen wurden.

Andere klinisch tote Menschen berichten nach Ihrer Wiederbelebung, dass sie Verstorbene gesehen haben, Verwandte oder auch frühere Haustiere, zu denen Sie eine enge Beziehung hatten.

Manche berichten, dass sie einen Lichttunnel gesehen haben. Einige wollten den Lichttunnel nicht betreten, weil sie sich Sorgen um die Lebenden machten. Die Kinder waren vielleicht noch in der Ausbildung oder der Ehepartner hatte eine schwierige Situation zu bewältigen und der Verstorbene wollte noch helfen, bevor er (oder sie) in den Lichttunnel gehen würde.

Manche möchten in den Lichttunnel gehen und werden von einem Engel oder einem anderen geistigen Wesen in ihr irdisches Leben zurückgeschickt, weil es irgend etwas gibt, das diese Menschen vor ihrem Tode noch „erledigen" sollen.

Menschen, die dem Tode schon sehr nahe gekommen sind, haben danach in den allermeisten Fällen eine veränderte Einstellung zum Sterben.

Sie berichten davon, wie schön der Sterbevorgang selbst war und dass sie so ein unglaublich angenehmes Gefühl „von der anderen Seite" hatten, dass sie so viel „bedingungslose Liebe" gespürt haben, dass sie sich beinahe schon auf ihren Tode freuen – jetzt, wo sie wissen, wie es sich anfühlt. Manche berichten sogar von einer Art „Todessehnsucht" nach ihrer Nahtoderfahrung.

Allen gemeinsam ist, dass es sich anscheinend um absolut reale Erlebnisse handelt, bzw. um Erlebnisse, die als absolut real empfunden werden.

Glaubt man den Menschen, die selbst auch Experimente und Übungen zum bewussten Ablösen des Astralleibes vom physischen Körper machen, dann ist es tatsächlich möglich, den eigenen Astralleib vom physischen Körper auch schon zu Lebzeiten zu trennen.

Und die Erfahrungen, die während so einer Abtrennung gemacht werden, sind durchaus als „real" zu bezeichnen.

Es gibt ebenfalls glaubwürdige Hinweise, dass Handlungen, die von Personen in der Form des Astralkörpers durchgeführt werden, auch physikalisch messbare Ereignisse auslösen.

So war ich selbst einmal Zeuge, als sich eine Frau von ihrem physischen Körper löste und mit ihrem Astralleib ihre Tochter im Büro besuchte. Sie hat dort den Computer ausgeschaltet!
In einem späteren Telefonat der Frau mit ihrer Tochter wurde bestätigt, dass zum Zeitpunkt der Ablösung tatsächlich der Computer im Büro ausgefallen ist! Die Tochter wusste zum Zeitpunkt des Telefonats noch nichts von der Astralreise ihrer Mutter!

Persönliche Erlebnisse sind eben immer noch die besten Lehrmeister.
So bin ich heute mit der Summe meiner Erfahrungen absolut überzeugt, dass der Mensch neben seinem physischen Körper noch weitere Bestandteile hat – einige davon überleben den physischen Körper.

Weiß man nun, dass der Wiedereintritt des Astralleibes von vielen Menschen häufig mit der Empfindung von Kälte verbunden ist und kombiniert man diese Erfahrung mit den Aussagen von Hinterbliebenen, die in der vermeintlichen Gegenwart ihrer Verstorbenen häufig einen „kalten Lufthauch" wahrnehmen, so kann man vorsichtig geschätzt davon ausgehen, dass die Temperatur des Astralleibes kälter ist, als unsere gewohnte Umgebungstemperatur.
Das würde einfach gesagt beide Sinneseindrücke plausibel erklären.

Denn dann wäre nicht der Körper während der Astralreise unangenehmer Weise ausgekühlt, sondern der Astralleib selbst bringt die Kälte ganz natürlicher Weise mit und wird vom physischen Körper eben beim Wiedereintritt als kalt empfunden – genau wie der feinstoffliche astrale Körper des Verstorbenen, der einen Lebenden berührt.

Wird nun die „Seele" eines Sterbenden während des Todes vom physischen Körper endgültig getrennt, dann zeigt sich in aller Regel der oben bereits erwähnte Lichttunnel, durch den die Seele ins „Jenseits" wandern kann und auch sollte.

Wird dieser Zugang nicht durchschritten – egal aus welchen Gründen, dann verbleibt die Seele sozusagen in der „Zwischenwelt". Sie befindet sich praktisch noch hier auf der Erde in der gewohnten Umgebung und kann dort auch Einfluss nehmen, indem technische Geräte gestört werden oder Türen zugeschlagen werden usw. Allerdings ist diese Seele für die anderen Menschen normalerweise unsichtbar.

Probleme, die dieser Mensch also vor seinem Tode hatte, kann er nun nicht mehr „wie gewohnt" lösen.

Der Verstorbene befindet sich praktisch in einem Ausnahmezustand, ist unsichtbar, wird kaum wahrgenommen und hat auch keinen physischen Körper mehr, mit dem er aktiv handeln und mit den Menschen interagieren könnte.

Manche Verstorbene dürften auch verwirrt sein, falls sie zu Lebzeiten nicht an ein Weiterleben nach dem Tode geglaubt haben.

Von Menschen, die einen Selbstmordversuch überlebt haben, weiß ich, dass während des Komas auf der Intensivstation auch fegefeuerähnliche Zustände erlebt werden, die als sehr unangenehm und real empfunden werden.

Nun – alles in allem dürfen wir davon ausgehen, dass die Seelen der Verstorbenen, die sich in der Zwischenwelt befinden, durchaus greifbare Probleme haben können.

Was den Verstorbenen dort meist fehlt, ist eine echte Lösung.
Genauso wie den Menschen, die unter solch einem „Geist“ möglicherweise leiden, falls dieser ihnen unangenehm oder lästig sein sollte.
Dazu kommen wir aber später noch.

Wenn wir also davon ausgehen, dass die Seelen von verstorbenen Menschen irgendwie immer noch denken und fühlen wie zu Lebzeiten, dann können wir uns auch sehr gut vorstellen, dass die Methode, solche Seelen durch „Ausräuchern“ zu vertreiben, nicht immer erfolgreich sein wird.

Manchen Geistern „stinkt es“ vielleicht und sie verziehen sich kurzfristig in ein anderes Zimmer, andere wiederum stört der Rauch möglicherweise überhaupt nicht.
Aus eigener Erfahrung weiß ich, dass es Wesen gibt, die sich durch Räucherungen absolut nicht beeindrucken lassen, sondern im Gegenteil noch denjenigen, der mit dem Räuchergefäß durch die Wohnung geht, schubsen, damit das Gefäß mit der heißen Asche auf den Boden fällt.
Und das nicht nur einmal sondern regelmäßig und auch bei verschiedenen Personen!
Ereignisse, die man kaum glauben mag, bis man sie am eigenen Leib erfahren hat!

Das bedeutet – egal, womit wir es zu tun haben – wir brauchen eine Lösung, die greift, um das vorhandene Problem zu beheben.

Gruselig oder nicht?

Fallbeispiele für Geisterjäger

Im Folgenden möchte ich einige Beispiele aus der Praxis zeigen, die ich bei meiner Arbeit als Geisterjäger erlebt habe.

Ein erstes Beispiel:

Eine gute Bekannte, nennen wir sie Monika, kam vor einigen Jahren zu mir und erzählte mir von folgender Situation:

„Ich weiß nicht genau, was da bei uns zuhause los ist, aber es ist ganz seltsam. Es ist fast so, als wäre da irgend etwas in unserem Haus, was da nicht hingehört. Als ich neulich in den Keller gegangen bin, da habe ich so einen kalten Lufthauch gespürt, dass ich durch und durch eine Gänsehaut bekommen habe. Und da war kein Fenster offen oder so etwas. Es war einfach ein ganz unangenehmes gruseliges Gefühl. Da stellen sich einem alle Haare auf! Und was das Schlimmste an der ganzen Sache ist: Sogar mein Mann, der ja sonst für so etwas überhaupt nicht anfällig ist, sogar der hat dieses Gefühl schon wahrgenommen. Irgend etwas ist da in unserem Haus, und das fühlt sich nicht gut an. Was kann man da machen? Kennst Du Dich mit so etwas aus?“

Damals musste ich noch sagen: „Also so etwas habe ich noch nicht gehabt, aber es klingt so, als ob in Eurem Haus irgend ein Wesen wäre, das da nicht wirklich hingehört. Und wir sollten auf jeden Fall versuchen, es weg zu bekommen, damit Ihr wieder Ruhe habt.“

Vielleicht sollte ich an dieser Stelle kurz erwähnen, dass ich seit etwa 2003 einen spirituellen Weg gehe, der begleitet ist von geistig-energetischen Heilmethoden, von Meditationen, und auch von Übungen zur Sensibilisierung der inneren Wahrnehmungskanäle.

Insgesamt habe ich eine jahrelange spirituelle Ausbildung genossen und bin danach diesen Weg auch selbstständig mit großem Interesse weiter gegangen.

So konnte ich inzwischen bereits sehr viele interessante Erfahrungen sammeln. Es ist für mich heute längst schon eine Selbstverständlichkeit, mit meinen ganz persönlichen geistigen Helfern zu „sprechen“ um gemeinsam mit ihnen an den unterschiedlichsten Situationen zu arbeiten, um helfend und unterstützend zu wirken und den Menschen ein wenig Licht in den Alltag zurück zu bringen.

Dazu gehört dann eben auch die Kontaktaufnahme zu Wesen aller Art, zu Devas oder auch zu Tieren oder Pflanzen, ja sogar zu Steinen. Der eigenen Phantasie sind dabei sicherlich keine Grenzen gesetzt. Und in diesem Zusammenhang möchte ich auch gleich darauf hinweisen, dass vieles von dem, was man selbst „geistig“ erarbeitet, absolut nicht beweisbar ist.

Bei geistiger Arbeit bekommt man geistige Eindrücke, Bilder, Erkenntnisse. Irgend etwas im Inneren sagt einem oder vermittelt einem den Eindruck, dass etwas „so ist“. Man kann es nicht „beweisen“.

Der innere Eindruck ist eben einfach nur „da“.

Um etwas in die Praxis umzusetzen und auch eine „reale und beweisbare Wirkung“ damit zu erzeugen sage ich immer Folgendes:

„Pass auf – ich habe die folgenden inneren Eindrücke bekommen: . . . Das sind nur Eindrücke. Ich kann nicht behaupten, dass das alles stimmt. Für mich sind es Eindrücke, denen ich aus meiner Erfahrung heraus ein bestimmtes Gewicht zuordne und denen ich vertraue. Aber es sind und bleiben nur innere Eindrücke.

Wenn Du wissen willst, ob unsere Aktivitäten für Dich etwas gebracht haben oder bringen werden, dann mach' bitte Folgendes:

Schau Dir die Situation an, wie sie am Anfang ist. Wie zeigt sich die Situation in Deiner Realität?

Wenn Du das weißt, und wir machen dann unsere geistige Arbeit, dann gehen wir davon aus, dass wir damit etwas verändern, verbessern, auflösen, heilen, korrigieren usw.

Wir bekommen dabei innere Eindrücke, sehen Bilder, erhalten Informationen und lernen auch während wir arbeiten dazu – sammeln also für uns hilfreiche Erfahrungen. Das ist der Bereich, den jeder, der so arbeitet, immer für sich selbst bewerten sollte. Was dann wieder zählt, ist lediglich, wie sich die reale Situation nach der geistigen Arbeit darstellt.

Also frag Dich: Hat sich irgend etwas verändert? Wie sieht die reale Situation jetzt tatsächlich aus? Ist das Problem leichter geworden oder sogar ganz verschwunden? Sind die Geräusche weg? Ist Ruhe eingekehrt? Hat sich irgend etwas verändert, das Du als reale Veränderung wahrnehmen kannst und das für Dich ganz persönlich eventuell dann auch als „Beweis" eine gewisse Gültigkeit hat?

Falls ja, dann gehen wir davon aus, dass eine Änderung durch unser Handeln eingetreten ist."

Wir können damit immer noch nicht behaupten, dass wir selbst daran auch nur irgendwie beteiligt waren mit unseren inneren Eindrücken.

Es lässt sich eben nicht beweisen. Möglicherweise hätte sich das alles auch ganz von alleine aufgelöst und verändert. Aber möglicherweise auch nicht. Es bleibt ein Mysterium.

Für den, der täglich oder häufig mit solchen Situationen zu tun hat, bildet sich im Laufe der Zeit ganz von alleine eine „innere Gewissheit" hierzu.

Da sind innere Eindrücke und äußerlich erkennbare Veränderungen. Das führt letztlich zu der inneren Gewissheit, dass die geistige Arbeit etwas verändert, bewirkt oder verbessert hat. Beweisen kann das erst einmal niemand. Darauf kommt es aber auch gar nicht an.

Wenn Du vorher ein Problem hattest – irgend jemand arbeitet mit geistigen Methoden an dem Problem – und hinterher ist das Problem weg, dann passt alles.

Was da jetzt tatsächlich genau passiert ist – wen interessiert das schon?

Wie wir das Problem bei meiner Bekannten Monika angegangen sind, werde ich Ihnen später noch genau beschreiben.

Ein zweites Beispiel:

Eine Bekannte aus Nürnberg, nennen wir sie Babsi, erzählte meiner Freundin Heike, dass sie ständig das Gefühl hat, in Ihrem Haus stimmt etwas nicht.

Sie fühlt sich andauernd beobachtet und glaubt, dass das Haus irgendwie verhext ist.

Meine Freundin hat ihr dann gesagt, sie kennt einen Geisterjäger und hat ihr auch angeboten, einmal nachzufragen, ob ich da helfen könnte.

Sie können sich vorstellen, dass ich natürlich sehr erfreut war und es kaum erwarten konnte, diesen Fall genauer zu betrachten und vielleicht auch das Problem dahinter, mit ein wenig Unterstützung aus der geistigen Welt, zu lösen.

Was da genau gemacht wurde und ob der Fall auch wirklich gelöst werden konnte, das beschreibe ich Ihnen ebenfalls später.

Ein drittes Beispiel:

Der nächste Fall kam ebenfalls aus Nürnberg zu mir: Eine weitere Bekannte meiner Freundin Heike hatte einen Poltergeist im Haus, der immer wieder Türen laut zuschlug und damit die Bekannte, nennen wir sie Ulli, beinahe in den Wahnsinn trieb.

Ein richtiger Poltergeist – stellen Sie sich das einmal vor! Und wer darf ran? Genau – ich, der große Geisterjäger!

Ich freue mich immer wie ein Kind, wenn ich solche Gelegenheiten bekomme, das dürfen Sie mir glauben!

Gleichzeit, damit hier keine falschen Eindrücke entstehen, möchte ich am besten auch sofort darauf hinweisen, dass es so etwas wie den „großen Geisterjäger" eigentlich gar nicht gibt.

Ich bin ein ganz normaler Mensch. Manchmal habe ich deutliche Wahrnehmungen, die mich selbst immer wieder überraschen und an manchen Tagen spüre ich dafür wieder weniger. Es ist nicht immer gleich.

Das Wichtigste, um „gute Ergebnisse" zu erreichen, ist es nach meiner Erfahrung, dass man offen ist für alle Eindrücke, die kommen wollen.

Und dazu gehört auch, dass man erst einmal aus dem Weg geht, so gut man das eben kann.

Das bedeutet, je weniger man selbst an dem ganzen Vorgang beteiligt ist, desto besser funktioniert es in aller Regel.

Also im Klartext: Ich beobachte in erster Linie, ich stelle Fragen, um zu verstehen und zu lernen. Und ein klein wenig unterstütze und helfe ich auch, das schon.

Aber so richtig etwas „machen" tue ich eigentlich nicht.

Und um abschießend auch das noch klar zu machen: Das wenige, das ich dabei tue, kann praktisch jeder lernen.

Es ist überhaupt nichts Besonderes. Ich bin ein ganz normaler Mensch.

So wie der eine ein Bäcker ist und der andere ein Maurer so bin ich eben jemand, der gelernt hat, innere Eindrücke aufzunehmen und zu interpretieren. Ein geistiges Handwerk, wenn Sie so wollen. Keine Wunder (auch wenn es anderen manchmal so vorkommt). Alles ganz normale Vorgänge.

Damit bin ich leider dann auch kein „Supertalent“, sondern ein absolut gewöhnlicher Mensch, der eben mit großer Freude und sehr gerne ungewöhnliche Dinge tut.

Ob und wie das bei Ulli funktioniert hat, werde ich Ihnen ebenfalls später noch beschreiben.

Auch wenn Sie jetzt schon fast platzen vor Neugierde, das Einzige, worauf es jetzt ankommt ist die Frage: „Finden Sie das alles auch so interessant?“ Ich denke schon.

Wenn Sie ein Mensch sind, der gerne lebt und sich für die Dinge des Lebens interessiert, dann dürften Sie sicher schon gespannt sein, wie das alles noch weitergeht. Und so sollte ein Buch ja auch sein, oder?

Also dann – nichts wie rein ins Vergnügen...

Wie man mit Spukerscheinungen richtig umgeht

Nehmen wir das Beispiel mit meiner guten Bekannten Monika und dem gruseligen Wesen in ihrem Haus.

Wir haben Folgendes gemacht:

Ich sagte zu ihr: „Pass auf. Du arbeitest ja selber auch mit geistig-energetischen Methoden. Ich möchte, dass wir das mit Eurem Wesen im Haus gemeinsam machen. Es ist immer ein Vorteil, wenn zwei Personen sich auf eine Situation einlassen und beide ihre Eindrücke sammeln. So können wir dann nach der Arbeit unsere Eindrücke und Ergebnisse vergleichen und lernen dabei, ob wir ähnliche oder sogar gleiche Eindrücke hatten. Das hilft uns, aus der gesamten Situation möglichst viel zu lernen."

Natürlich war sie einverstanden. So haben wir uns in ihrem Haus getroffen und sind ins Wohnzimmer gegangen.
Man sollte immer dorthin gehen, wo sich das „Wesen" oder der „Geist" aufhält. Bei Monika war das Wesen überall im Haus, nicht nur im Keller – so wählten wir das Wohnzimmer, weil es dort für uns am angenehmsten war.

Das Erste und Wichtigste im Umgang mit den unsichtbaren Wesen ist immer – da wir ja am Anfang noch keine Ahnung haben, was uns tatsächlich erwartet – **der persönliche Schutz**!

Wir haben uns also auf die Wohnzimmercouch gesetzt und ich habe uns beide an die Situation herangeführt. Zunächst habe ich angesprochen, dass jeder von uns sich jetzt eine Kugel aus weißem Licht um den eigenen Körper vorstellt. Wir sitzen also in einer Kugel aus weißem Licht.

Diese Kugel wird uns vor allen ungewollten Eindrücken, vor allen möglichen und erdenklichen Angriffen und auch vor allem Bösen schützen. Gleichzeitig erlaubt uns die Kugel, alle Eindrücke zu empfangen, die für unsere geistige Arbeit wichtig sind. Wir können also durch die Kugel Informationen hinausschicken und auch hereinlassen. Wir sind durch die Kugel aus weißem Licht, in der wir sitzen, dennoch geschützt.

Jetzt visualisieren wir eine Lichtsäule, die wir im Wohnzimmer an einer geeigneten Stelle entstehen lassen. Eine Säule aus weißem Licht, die den Eingang in die geistige Welt, in das Jenseits, das Paradies oder die eigentliche Heimat der geistigen Wesen darstellt. Ein Tor in die heiligen Hallen, die für alle Verstorbenen und zurückgebliebenen Seelen oder Wesen deren Heimat und das eigentliche Ziel darstellt. Also eine Türe zur Erlösung, wenn man so möchte.

Da soll unser Wesen rein...

Jetzt stimmen wir uns auf das Wesen ein. Wir bitten darum, dass das Wesen sich hier im Wohnzimmer bei uns einfinden und zeigen möge. Die innere Haltung, die wir dabei einnehmen, ist die eines Menschen, der interessiert an einem Kontakt ist. Wir bieten unsere Hilfe und Unterstützung an und möchten einige Fragen stellen.

In keiner Weise wollen wir das Wesen, den Geist oder was auch immer jetzt auf uns zukommen könnte in das Licht zwingen, es beschwören oder unter unsere Macht bringen!
In keiner Weise wollen wir das Wesen vertreiben, fortjagen, mit ihm kämpfen oder es zwingen, dieses Haus jetzt sofort und für alle Zeiten zu verlassen und die Bewohner ein für alle mal in Ruhe zu lassen!

Wer so an die Sache rangeht, dem wünsche ich viel Spaß!

In der Praxis werden wir sehr erfolgreich damit sein, wenn wir das Wesen als vollwertiges und absolut gleich-berechtigtes Wesen betrachten, das ebenso wie wir über ein eigenes Bewusstsein, möglicherweise auch über eine gewisse Selbsterkenntnis und vor allem auch über einen irgendwie gearteten Verstand und ebenso über Gefühle verfügt.

Wir wissen nicht, ob das Wesen oder der Geist verärgert ist, verwirrt, verängstigt oder sonst irgendwie schlecht aufgelegt.

Was wir allerdings wissen ist, dass das Wesen nicht mehr in die Zwischenwelt gehört, wo es sich selbst und andere stört, sondern, dass der richtige und beste Schritt für das Wesen der ist, ins Licht zu gehen.

Im Licht wird das Wesen wieder an die große geistige Matrix angeschlossen. Das bedeutet, wenn das Wesen einmal „drüben“ ist, dann erlangt es alles Wissen zurück, das auf dem Weg durch das erdbehaftete Dasein verloren ging oder verschüttet wurde. Das Wesen wird sich dann an sehr viele Dinge erinnern können, die ihm vor dem Schritt ins Licht möglicherweise und sogar wahrscheinlich nicht mehr bewusst waren.

Damit erkennt das Wesen, sobald es in die Lichtsäule eintritt, wieder wichtige Zusammenhänge. Und was ganz besonders wichtig ist:

Im Licht herrscht ein unendliches Gefühl von Liebe und Geborgenheit. Glückseligkeit – und das in einer Form, die als absolut real empfunden wird. Ein Zustand, wie er schöner gar nicht sein könnte.

Vielleicht lässt es sich ein wenig damit vergleichen, wie sich ein ungeborenes Baby fühlt, wenn es – von der Mutter geliebt und behütet – im Mutterleib heranwächst.

Geborgenheit, Wärme, Glück und Liebe. Das sind die Gefühle, die unser Wesen im Licht erwarten.

Mit diesem inneren Wissen, das wir auch an das Wesen weitervermitteln sollten, nehmen wir – aus einer möglichst liebevollen Haltung heraus – einen möglichst respektvollen Kontakt auf.

Und sofort – so schnell konnte ich gar nicht schauen, sind einige dunkle Fetzen des Wesens abgezischt ins Licht.

Völlig überrascht darüber, dass es „so einfach ging" konnte ich nur noch schnell ein geistiges „Halt, halt! Bitte warte! Ich möchte noch ein paar Fragen stellen!" formulieren, um zu verhindern, dass das Wesen sofort komplett ins Licht abhaut.

Ich konnte wahrnehmen, dass das Wesen wirklich lieber jetzt sofort als später ins Licht gegangen wäre, und dass es nur unter großer Ungeduld die Fragen beantworten möchte.

Also habe ich mich beeilt so gut es ging.

Was man in so einer Situation wissen möchte ist ganz einfach „was los ist".
Was ist das hier für ein Wesen? Wo kommt es her, warum ist es da, wie lange ist es schon da und was will es hier?

Man möchte einfach die Informationen bekommen, die einem selbst helfen, die Situation möglichst gut zu verstehen.

Was dann folgt, wenn das Wesen antwortet, sind wieder innere Eindrücke und Wahrnehmungen.

In unserem Fall hat es sich derart dargestellt, dass das Wesen wohl schon seit einiger Zeit, möglicherweise seit Jahrhunderten in der Nähe des Hauses herumgegeistert war, bis es dann schließlich vor einigen Tagen deutlich wahrnehmbar für die Bewohner wurde.

Das Wesen hatte damals, als es „verstorben ist" und eigentlich ins Licht gehen sollte, irgendwie den Zugang verpasst.

Manchmal finden wir als Gründe hierfür Verwirrtheit – der eigene Tod wird nicht akzeptiert oder wahrgenommen.

Manchmal sind die Seelen noch so sehr mit den menschlichen Problemen des gerade zu Ende gegangenen Lebens beschäftigt, dass Sie aus lauter Verzweiflung nicht merken, dass es an der Zeit wäre, loszulassen und ins Licht zu gehen.

Manchmal sind es die Lebenden selbst, die in ihrer Verzweiflung und Trauer um den Verlust des gerade Verstorbenen nicht loslassen können und so die Seele des Verstorbenen davor zurückhalten, in die Erlösung zu gehen.

Und manchmal ist es auch ein schlechtes Gewissen des Verstorbenen, mit dem er sich einfach nicht traut, da rein zu gehen, ins Licht. Aber auch dazu später mehr.

Nun – in unserem ersten Fall ging alles relativ schnell und absolut problemlos.

Die innere Haltung, mit der wir dem Wesen respektvoll und aus einer liebevollen Einstellung heraus begegnet sind, hat das Wesen ganz offensichtlich weder erschreckt noch erzürnt.

Es gab keinerlei Anzeichen von Angriffen oder Widerstand.

Unser Kontakt verlief absolut ruhig, von gegenseitiger Wertschätzung getragen – lediglich mit ein wenig Ungeduld von Seiten des Wesens her, das eigentlich lieber sofort komplett ins Licht verschwunden wäre.

Zu beschreiben, welche Anteile da gleichsam wie ein Schatten sofort in die Lichtsäule abgeflossen sind, ist mir nur schätzungsweise möglich.

Ich halte es von meinem Erkenntnisstand heraus für am Wahrscheinlichsten, dass sich an das „Hauptwesen", das wir in diesem Falle mehr oder weniger als die Seele eines vor Jahrhunderten bereits verstorbenen Menschen bezeichnen könnten, im Laufe der Jahre andere und auch anders geartete geistige Wesensanteile hinzugefügt haben.

Ein Wesen mit demnach menschlichen und auch vielen verschiedenen anderen Energie-Anteilen.

Was das im Einzelnen genau ist bzw. war, kann ich nicht sagen. Ich hatte innere Eindrücke dazu, allerdings ist es an dieser Stelle nicht von besonderer Wichtigkeit.

Nicht alles, was wir wahrnehmen, müssen wir zur Gänze analysieren.

Vieles von dem, was wir zu erkennen glauben, wird sich uns auch erst nach und nach im Laufe der Zeit wirklich enthüllen und offenbaren.

Das ist ganz natürlich und absolut in Ordnung.

Nun zu unserem nächsten Fall: Babsi mit dem verhexten Haus, in dem sie sich beobachtet und unwohl fühlte.

Zunächst einmal steht an erster Stelle immer das Gespräch mit den Betroffenen selbst. Wir versuchen herauszufinden, in welcher Verfassung die Person ist, wie das innere Gleichgewicht oder auch Ungleichgewicht aussieht, welche Sachverhalte und Erkenntnisse vorliegen, damit wir auf der Basis des „als real Erlebten" einen möglichst guten Eindruck von der Gesamtsituation bekommen.

Erst im zweiten Schritt nehmen wir dann Kontakt zu dem Spukwesen oder Poltergeist auf.

Nun – im Fall von Babsi war es so, dass diese Frau in einem alleinstehenden Mietshaus wohnte, das schon ein paar Jahre „auf dem Buckel" hatte.

Alte Häuser haben oft eine eigene Geschichte und möglicherweise sind in alten Häusern auch schon einige bedeutende Dinge geschehen:

Vielleicht stehen sie auf einem Grundstück, auf dem früher ein Krieg, ein Massaker oder ein Verbrechen verübt wurde. Vielleicht war einmal eine alte Kultstätte oder ein Friedhof an diesem Ort.

All das könnte schon ausreichen, dass verlorene Seelen an solch einem Ort verhaftet blieben und jetzt anfangen in dem dort erbauten Haus zu spuken.

Da Babsi insgesamt ein ungutes Gefühl in dem Haus hatte, in dem sie zur Miete lebte, war es natürlich selbstverständlich für mich, dass ich mir das ganze Haus einmal von unten bis oben vornahm und versuchte, möglichst brauchbare Eindrücke davon zu bekommen.

Zunächst einmal fiel mir sofort auf, dass der sehr kleine Keller eine absolute Besonderheit aufwies:

Es befand sich direkt unter dem Haus eine kleine Quelle. Wir hatten also praktisch gesprochen einen kleinen Teich mitten unter dem Haus. Über dem kleinen Teich verliefen einige alte Wasserrohre und Installationseinrichtungen des Hauses. Der winzig kleine Raum über dem Teich war von einer Glühbirne erleuchtet und wenn das Licht aus war, dann stellte sich sofort ein etwas mulmiges Gefühl ein.

Also das Licht wieder anmachen und genau hinspüren, was da los ist und welche Eindrücke sich einstellen...

Nun – manche Orte möchten einfach nur ihren eigenen kleinen Frieden haben und ungestört bleiben. So war es auch in diesem winzig kleinen Raum mit dem Teich.

Dort lebten – nach meinem Empfinden – Wasserwesen und Erdwesen. Sie hatten nichts Böses im Sinn, wollten aber dennoch lieber ungestört bleiben.

Dort ein mulmiges Gefühl zu bekommen ist damit absolut erklärbar, sobald der Mensch – oft auch, ohne sich dessen bewusst zu sein – diese ablehnende Haltung der Geistwesen, Elfen, Zwerge oder ähnliches, wahrnimmt.

Insgesamt war „der Ort“ und auch die Bewohner dort einverstanden, von mir gesegnet zu werden und auch das Einbringen eines Rosenquarzes, um die Energien dort mit einer harmonisierenden und liebevollen Schwingung aufzuwerten, wurde akzeptiert.

Und doch war es gewünscht, dass wir nicht mehr stören, das Licht wieder ausmachen und den Raum nicht unnötig betreten sollten.

Alles klar. Das lässt sich ja machen.

Im ersten Stock wurde es dann schon etwas konkreter. Hier war deutlich die Präsenz eines männlichen Verstorbenen zu spüren. Ein Mann, der das Haus damals mit erbaut hatte und der dieses alte Haus immer noch als sein Zuhause betrachtete. Ganz klar, dass er nicht gerade erfreut war, dass eine Mieterin in das Haus eingezogen war.

Also war es ihm auch relativ egal, wenn die Mieterin in seiner Gegenwart ein Unwohlsein verspürte, sich gruselte oder Angst bekam.

Mit der mir bei solchen Situationen grundsätzlich zu eigenen inneren Einstellung, diese verstorbenen Wesen respektvoll „ernst zu nehmen“, stellte ich auch hier wieder meine Fragen.

Das Resultat war, dass der unsichtbare Bewohner des Hauses darauf bestand, auch weiterhin hier zu bleiben.

Es war ihm wichtig, dass er in seinem Haus verweilen konnte. Er „lebte“ hier, wanderte durch die Räume im ersten Stock, blickte aus den Fenstern und hatte absolut kein Interesse ins Licht zu gehen.

Alles klar.

Nach meiner Methode der respektvollen und liebevollen Zuwendung stand es völlig außer Frage, was hier zu tun war. Ich machte dem Verstorbenen klar, dass es wichtig für den Erhalt des Hauses ist, dass es bewohnt wird, dass es beheizt wird und dass sich auch jemand bereit erklärt, nötige Reparaturen an dem Haus durchzuführen, damit es nicht zur Ruine verfällt.

Das war einleuchtend für den Verstorbenen und auch er hatte Interesse daran, dass das Haus in seiner Substanz erhalten bliebe.

Folglich konnte ich mich mit ihm darauf einigen, dass es das Beste wäre, wenn er selbst künftig die ungenutzten Abstellräume im ersten Stock für seinen Aufenthalt benutzte und sich auf diese Räume beschränkte.

Ansonsten bat ich den Verstorbenen, die Mieterin künftig bitte nicht mehr zu erschrecken und ihr bitte kein weiteres Unbehagen einzuflößen. Auch das wurde akzeptiert – so war zumindest mein Eindruck.

So wie immer nehme ich meine Eindrücke nur auf, werte sie aber nicht als Beweise.

Ich bat Babsi, die Situation im Haus – nach der Arbeit mit den Wesen im Kellerraum und mit dem verstorbenen Erbauer des Hauses – zu beobachten, um dann selbst zu beurteilen, ob sich nach meiner geistigen Arbeit in Ihrem Haus etwas verändert hat.

Nach ein paar Wochen rief ich noch einmal bei ihr an, um dann zu erfahren, dass sie nun keine Probleme mehr hatte und dass sie sich seit meinem Besuch sehr viel wohler in dem Haus fühlt.

Das dritte Beispiel bei unserer Ulli in Nürnberg ist mit Abstand der Interessanteste von den Fällen, die ich hier beschreiben möchte.

Zunächst einmal war auch hier ganz zu Beginn unseres Treffens das Wichtigste unser Eingangsgespräch. Feststellen, was hier eigentlich los ist.

Ulli war sichtlich verzweifelt. „Ich werd' noch verrückt in diesem Haus! Ich überlege ernsthaft es zu verkaufen, weil ich es nicht mehr aushalten kann. Ständig fallen hier die Türen lautstark zu und meistens dann, wenn mein Mann nicht zuhause ist.“

Ganz klarer Verdacht: Sie bildet sich das nur ein! Es spukt, wenn sie alleine ist und sonst merkt keiner was.

Von wegen! Sie erzählte weiter: „Neulich hat es sogar mein Mann gehört! Bisher hat er immer geglaubt, es wären nur meine Nerven, die seit dem Tod meines Vaters einfach nicht mehr die Besten sind, aber neulich hat er es selbst miterlebt! Wir können uns das alles nicht erklären!“

Das weitere Gespräch ergab, dass in dem Nebenanbau des Hauses, der nur durch eine Zwischentüre getrennt war, Ullis Vater bis zu seinem Tod vor wenigen Monaten mit dessen zweiter Ehefrau gelebt hat.

Der Vater starb und seine zweite Ehefrau, die sich wie ein Schmarotzer in dem Haus festsetzen wollte, konnte nach langem Hin und Her dann schließlich doch noch aus dem Haus verklagt werden. Doch seitdem geht dort drüben ein Poltergeist um, der lautstark die Türen zuschmeißt.

Zumindest klingt es so, auch wenn alle Fenster geschlossen sind und die Türen drüben gar nicht offen stehen!

Natürlich ist es völlig normal, dass während der Zeit, in der man selbst als Geisterjäger dort anwesend ist, sich nichts von diesen gruseligen Dingen ereignet.

Keine Geräusche von zufallenden Türen, nichts Seltsames oder Ungewöhnliches, alles scheint normal.

Und auch das macht die Arbeit eines Geisterjägers aus. Es ist eben nicht so, wie wir es aus dem Fernsehen kennen, dass dort irgendwelche Lichterscheinungen herumschweben und uns mit ihren kalten glitschigen Fingern im Genick packen.

Zumindest nicht immer.

Das weitere Gespräch brachte noch etwas ganz Entscheidendes ans Tageslicht. Denn schließlich stellt man sich ja von Anfang an die Frage: Wer oder was spukt und poltert denn dort nebenan?

Der Vater von Ulli war vormals verheiratet mit seiner ersten Ehefrau, der Mutter von Ulli. Als diese auf dem Sterbebett lag, hat der Vater ihr versprochen, nach ihrem Tod nie wieder zu heiraten.

Was man aus Liebe nicht so alles sagt...

Kaum war die geliebte Ehefrau verstorben, da lernte der unglückliche Mann doch tatsächlich seine „Neue" kennen. Sie half ihm, die Trauer zu überwinden, kümmerte sich um ihn, gab ihm das Gefühl, geliebt zu werden. Er verliebte sich in sie und – ja genau – heiratete sie.

Und jetzt verwandelte sich die zweite Ehefrau zurück in das, was sie eigentlich war: Eine kleine Hexe, die dem armen Mann das Leben jeden Tag zur Hölle machte. Wie muss man sich als Mann da fühlen?

Die erste Ehefrau durch einen viel zu frühen Tod verloren. Hoch und heilig versprochen, nie wieder zu heiraten. Dann das Versprechen gebrochen, doch wieder geheiratet und die Strafe auf dem Fuße erhalten – die Hölle auf Erden!

Nach seinem Tod hat der Vater mit seinem schlechten Gewissen „logischerweise" keinen Frieden gefunden. Er hat sich schlichtweg nicht getraut, ins Licht zu gehen und seiner ersten Ehefrau unter die Augen zu treten, um ihr zu beichten, was er nach ihrem Tod doch Schreckliches verbrochen hat.

Er nahm die Zeit mit seiner zweiten Ehefrau als Strafe an und als Zeichen dafür, dass ihm sein Vergehen auf keinen Fall verziehen werden würde!

Manche Menschen nehmen eben die eigenen Schwüre irgendwie dann doch wieder ernst, wenn sie erst einmal gebrochen wurden. In seiner Verzweiflung wusste Ullis Vater nun nicht mehr ein und aus und schlug dann immer wieder lautstark die Türen in seinem bisherigen Wohnbereich zu. Vielleicht auch, um auf sich aufmerksam zu machen – in jedem Falle aber aus Verzweiflung und weil es für ihn ja irgendwie keinen Ausweg aus dieser verzwickten Situation zu geben schien.

Und auch das ist in den meisten Fällen völlig normal: Wir haben es mit einem Wesen zu tun, das irgendwie ein „Problem" hat. Deshalb geht es nicht ins Licht oder hat den Zugang ins Licht kurz nach dem Tod verpasst.

Es ist also unsere Aufgabe als Geisterjäger, dieses Problem herauszufinden und zu erkennen.

Und wenn wir wissen, wo das Problem sitzt, dann ist es unsere allerwichtigste Aufgabe, eine Lösung für dieses Problem zu finden. Und zwar eine liebevolle Lösung, die unser Wesen, unser Verstorbener, bereitwillig annehmen kann, wenn er oder sie das möchte.

Das alleine zählt: Das Problem zu erkennen und eine brauchbare Lösung anzubieten.

Im Fall von Ullis Vater machten wir Folgendes:

Nach unserem gemeinsamen Gespräch standen wir auf und gingen in den Nebenanbau durch die Verbindungstüre. Auf dem Weg dorthin sah ich an der Wand im Flur ein kleines Foto von Ullis verstorbenem Vater.

So etwas hilft immer sehr, die eigenen inneren Bilder noch ein wenig konkreter entstehen zu lassen.

Im Eingangsbereich der Wohnung des verstorbenen Vaters war ein großes Porträt der bereits ebenfalls verstorbenen Mutter, also der Ehefrau Nummer Eins zu sehen.

Irgendwie liegt es ja auch nahe, dass die Ehefrau Nummer Zwei es nicht gerade leicht gehabt haben mag, wenn der frisch angetraute Ehemann in der gemeinsamen Wohnung ein lebensgroßes Porträt seiner verstorbenen Ehefrau hängen hat, das jeden Tag mehrmals und immer wieder beim Vorbeigehen ins Auge fällt.

Aber das ist ein anderes Problem, das hier in der Situation des Vaters als Poltergeist und der Tochter als der Leidtragenden nicht weiter ins Gewicht fällt.

Wir setzten uns also an diesem nasskalten Herbsttag in dem unbeheizten Nebenanbau im Wohnzimmer auf die Couch und ich begann, den Kontakt zum verstorbenen Vater aufzubauen. Ich habe gefroren wie ein Hund und hatte natürlich keine Jacke dabei. Also musste ich unter ständigem Zittern mein Bestes versuchen.

Zunächst einmal visualisierte ich – so wie immer – meinen Schutz. Die weiße Lichtkugel, die mich umhüllt.

Nachdem ich eine konkrete Vorstellung von der schützenden Lichtkugel in meinem Geist erschaffen hatte, bat ich den verstorbenen Vater um ein Gespräch.

Tut man dies, so formuliert man am besten ganze Sätze, so, als ob man mit einem lebenden Menschen sprechen würde, nur dass man die Worte nicht laut ausspricht sondern eben denkt.

Das erleichtert nach meiner Erfahrung die Kommunikation ganz erheblich.

Im Folgenden erhielt ich wieder meine inneren Eindrücke. Irgendwie wurde mir bewusst, dass der Vater ein wirklich schlechtes Gewissen seiner ersten verstorbenen Ehefrau gegenüber hatte. Er traute sich nicht ins Licht. Er hatte große Angst davor, zurückgewiesen zu werden oder dass er für seine unverzeihliche Tat die gerechte Strafe zu empfangen hatte.

Das war also genau das Problem. Die Verzweiflung, auf Grund des eigenen schlechten Gewissens, weil er den Schwur, den er am Sterbebett seiner ersten Frau freiwillig und von sich aus geleistet hatte, wenige Monate später schon gebrochen hatte.

Nun galt es, eine Lösung zu erarbeiten und diese dann anzubieten oder umzusetzen.

Ich nahm Kontakt zu meinem geistigen Helfer auf, und bat diesen um Hilfe.

Ein geistiger Helfer ist ein Wesen, mit dem jeder, der energetisch-geistig arbeitet, kooperieren kann. Man erlangt Kontakt zu solchen helfenden Wesen über Meditationen, die einen darauf vorbereiten und hinführen.

Meinen ganz persönlichen geistigen Helfer kenne ich seit Jahren und ich habe absolutes Vertrauen zu ihm. Er besitzt wesentlich größere Kenntnisse über die geistigen Zusammenhänge, als ich das von mir behaupten möchte und er ist mir immer ein sehr liebevoller und hilfreicher Freund.

Also fragte ich ihn, ob es möglich wäre, dass wir einen Kontakt zur verstorbenen Ehefrau aufbauen können.

Ich visualisierte die Lichtsäule etwa zwei Meter vor der Couch und bat meinen geistigen Helfer, er möge bitte mit der verstorbenen Ehefrau einen Kontakt aufbauen.

Und er solle mir ein Zeichen senden, damit ich erkennen könne, ob das so funktioniert.

Vieles von dem, was bei so einer „Sitzung“ abläuft, ergibt sich spontan. Man sollte bereit sein für neue Erfahrungen, ungewohnte Situationen und natürlich auch über genügend Einfallsreichtum verfügen, um sich spontan geeignete Lösungsmöglichkeiten einfallen lassen zu können.

Nach kurzer Zeit war es mir, als erhielte ich die Antwort, dass dem Vater keine Schuld angelastet wird. Mir war innerlich klar, dass die verstorbene Ehefrau in Liebe auf Ihren Ehemann wartet und ich sah eine ausgestreckte Hand, einen Arm, der aus der Lichtsäule herausragte – dem Vater entgegen.

Ein ergreifendes Bild, das ich in dieser Form so bisher auch noch nie gesehen hatte.

Ich erklärte dem verstorbenen Vater meine Eindrücke und teilte ihm mit, dass alles in Ordnung sei. Seine erste Ehefrau möchte ihn im Licht willkommen heißen. Alles ist verziehen, es gibt keine Schuld und sie freut sich, ihn wiederzusehen.

Ich sagte ihm, dass es absolut in Ordnung sei und dass es für ihn auch absolut das Beste wäre, wenn er jetzt die Hand, die ihm aus der Lichtsäule gereicht wird, nimmt, und in das Licht geht.

Und natürlich fragte ich auch nach, ob es noch irgend etwas gibt, was ich seiner Tochter mit auf den Weg geben sollte.

Dann hatte ich den inneren Eindruck, dass der Vater die Hand nimmt und in die Lichtsäule geht.

Nach diesem Moment ließ ich die Lichtsäule sich wieder auflösen und kehrte mit all meinen Sinnen in die reale Welt, also in dieses absolut unterkühlte Wohnzimmer zurück.

Im Folgenden erklärte ich Ulli was ich wahrgenommen hatte und dass dies lediglich meine inneren Bilder sind – ohne Anspruch auf Richtigkeit. Ich bat Sie, für sich selbst festzustellen, ob sich die Situation verändert hätte und sagte ihr, ich würde sie nach ein paar Wochen noch einmal anrufen, um nachzufragen.

Es ist immer auch wichtig, dass man sich bei allem, was man tut, auch von den Ergebnissen überzeugt, sofern die Möglichkeit dazu besteht. Das hilft dabei, die eigenen inneren Bilder und die möglicherweise realen Geschehnisse noch einmal zu überprüfen. Im Falle des Gelingens darf der Fall dann wohl auch als „erfolgreich" bewertet werden.

Nach etwa vier Wochen rief ich wieder bei Ulli an, um nach den Ergebnissen zu fragen. Sie hörte sich richtig glücklich an: „Ich kann's kaum glauben. Es is' a Ruh!"

Übrigens eine schöne Erfahrung war es auch, dass Ullis Ehemann, der am Tag unseres ersten Gespräches auch mit dazu kam – ohne voreingenommen zu sein und ohne zu werten – einfach nur beobachtet hat, was wir da machen.

Manchmal sind Männer ja weniger sensibel und dadurch häufig auch weniger empfänglich für spirituelle oder unsichtbare Dinge und Zusammenhänge.

Man(n) muss nicht alles verstehen oder akzeptieren. Ein klein wenig Toleranz reicht vollkommen. Und wenn das, was getan wird hilft, um die Geräusche von zuschlagenden Türen verschwinden zu lassen, dann ist damit ja auch allen geholfen.

Nur darauf kommt es an.

In diesem Zusammenhang wäre es mir noch ganz wichtig zu erwähnen, dass ich in den meisten Fällen nicht zu den Betroffenen fahre, um diesen zu helfen, sondern dass ich es tue, um den bereits Verstorbenen zu helfen.

Denn in Wirklichkeit ist es bei weitem nicht so schlimm, wenn man sich zuschlagende Türen anhören muss. Das eigentliche Problem hat ja der Verstorbene selbst, der in seiner unglücklichen Lage den Zugang ins Licht nicht findet oder sich diesen Zugang aus irgendwelchen Gründen selbst verwehrt. Den Verstorbenen zu helfen, mit gutem Gefühl und voller Zuversicht ins Licht einzugehen – das ist die eigentliche Aufgabe bei der Hilfe, die ich in solchen Situationen mit einbringen möchte.

Für die Lebenden sind damit, wenn alles „normal" verläuft natürlich auch sehr positive Begleiterscheinungen zu verzeichnen. Endlich versteht man, was überhaupt los war und endlich kann man wieder ruhig und ungestört schlafen.

Allerdings gibt es bei der Arbeit mit den Verstorbenen durchaus auch Fälle, wo es in erster Linie darauf ankommt, den Lebenden zu helfen.

Auch hierzu ein kurzes Beispiel.

In einem meiner Seminare zu energetisch-geistigem Arbeiten hatte ich einen Teilnehmer, den wir einfach mal Wolfgang nennen möchten.

Wolfgang war schon ein wenig älter als ich und er hatte eine relativ schwere Kindheit. Sein Vater war im Krieg gefallen und somit war Wolfgang in einem viel zu zarten Alter bereits in der Verantwortung, als ältester Mann in der Familie, dafür zu sorgen, dass es der Familie gut geht.

Ein Kind kann so eine Verantwortung überhaupt nicht tragen und auch nicht erfüllen. Und so wuchs Wolfgang immer mit dem schweren Gefühl auf seinen Schultern auf, dass die Last seines Lebens viel zu drückend für ihn wäre.

Wolfgang war ein kräftiger Junge und er wuchs auch zu einem wirklich gestandenen Mannsbild, wie wir hier in Bayern sagen würden, heran. Er meisterte durchaus sein Leben. Und doch – als auch seine Mutter noch starb, war er mit dieser großen Last auf den Schultern alleine zurück geblieben.

Niemand konnte dem inzwischen bereits erwachsenen „Familienoberhaupt" noch eine Rückmeldung geben über die von ihm erbrachte Leistung. Immer mit dem Gefühl behaftet, das alles nicht schaffen zu können, obwohl er bereits Übermenschliches dabei geleistet hatte, blieb der Druck auf seinen Schultern. Eine Last, die er bis zum damaligen Tag mit sich herumgeschleppt hat und die ihn zwar nicht wesentlich behinderte, aber doch psychisch belastend war. Wie ein Päckchen, das man ständig mit sich herumträgt, und das man doch so gerne endlich abgeben möchte, wenn Sie verstehen, was ich damit meine.

Das Problem war klar: Seelische Last auf die Schultern eines viel zu jungen Menschen gelegt, die auch Jahrzehnte später noch mit herumgetragen wird.

Um diese Last loszuwerden erschien es mir absolut sinnvoll, einen Kontakt zu den inzwischen bereits verstorbenen Familienmitgliedern herzustellen. In erster Linie mit der Mutter und daneben auch mit dem Vater, der im Krieg gefallen war und die Aufgabe des Familienoberhauptes dadurch nicht mehr selbst tragen und erfüllen konnte.

Aber wie stellt man den Kontakt zwischen Verstorbenen und Lebenden in der Praxis her?

Auch das geht relativ einfach.

Zunächst einmal führte ich Wolfgang in eine Entspannungsmeditation. Er sollte auf seinen Atem achten, in seinen Körper einfühlen und damit nach und nach alle Bereiche des Körpers entspannen.

Nachdem mir ein entspannter Zustand erreicht erschien, bat ich – und diesmal mit deutlich ausgesprochenen Worten, damit auch Wolfgang miterleben konnte, was geschieht – die Mutter von Wolfgang, bitte zu uns zu kommen, damit wir mit ihr sprechen könnten.

Hierzu wäre zu sagen, dass Seelen, die bereits ins Licht gegangen sind, wie weiter oben schon erwähnt wurde, wieder über einen besseren Kenntnisstand verfügen als diejenigen, die noch in der Zwischenwelt herumgeistern. Die Mutter brachte also, da sie aus dem Licht heraus zu uns kam, bereits alles an Wissen mit, um die Gesamtsituation, in der ihr Sohn Wolfgang heute stand, zu verstehen.

Ich bedankte mich ebenfalls mit ausgesprochenen Worten bei der Mutter für ihr Erscheinen und bat Wolfgang, seine Mutter zu betrachten. Er sollte in seinen Gedanken und in seiner inneren Vorstellung ein paar Schritte auf seine Mutter zugehen und ihr dann die Fragen stellen, die für ihn wichtig waren. Er sollte sie fragen, ob sie mit der übermenschlichen Leistung, die er als Kind für die Familie erbracht hatte, zufrieden war.

Vielleicht würde sie ihm ja auch sagen, wie stolz sie auf ihren Sohn all die Jahre war – das war meine Hoffnung.

So leitete ich Wolfgang durch die Begegnung mit seiner Mutter, gab ihm die Gelegenheit Fragen zu stellen und die Antworten seiner Mutter aufzunehmen.

Gleichzeitig beobachtete ich selbst aus dem Hintergrund über meine eigenen inneren Eindrücke und Wahrnehmungen, was sich jetzt vor Wolfgangs geistigem Auge abspielte.

Wie gesagt – das waren meine Eindrücke und ich kann weder behaupten noch beweisen, ob sich meine Eindrücke mit denen von Wolfgang hundertprozentig decken. Aber darauf kommt es beim geistigen Arbeiten überhaupt nicht an.

Es kann sogar sein, dass zwei Menschen zwei völlig unterschiedliche Eindrücke haben und erst dann, wenn man beide Eindrücke miteinander kombiniert, erhält man ein Gesamtbild, das dann Sinn macht. Das kommt durchaus vor.

Deshalb darf und sollte auch jeder, der eine gewisse Fertigkeit mit seinen eigenen inneren Bildern erlangt hat, und auch schon während der Übungsphase, stets kritisch aber doch auch immer vertrauensvoll mit seinen eigenen Eindrücken umgehen.

Vertrauen ist bei der geistigen Arbeit ganz wichtig. Selbstüberschätzung und kritikloser Glaube sind hinderlich und oft auch zerstörerisch. Das Vertrauen, dass das, was man erlebt „gut und richtig“ ist, darf und sollte man als wichtige Voraussetzung allerdings durchaus mitbringen.

Nach dem Gespräch zwischen Wolfgang und seiner Mutter bat ich Wolfgang, in seiner geistigen Vorstellung ein paar Schritte vorzutreten und seine Mutter in Liebe zu umarmen.

Dieser Moment war ein sehr rührender und auch mir sind dabei beinahe die Tränen gekommen. Das ist völlig normal, wenn man selbst eine gewisse Stufe der Empathie erreicht hat, also mitfühlen kann, was in anderen Menschen gerade auf der Gefühlsebene vor sich geht.

Nun ließ ich noch den Vater in unserem Kreis erscheinen.

Wieder bat ich darum, dass die Seele des Vaters von Wolfgang sich bitte bei uns einfinden möge, damit wir auch mit ihm sprechen könnten. Ich bat den Vater darum, seinem Sohn gegenüber auszudrücken, was er empfindet, wenn er sieht, welche Aufgaben sein Sohn für ihn übernommen hat.

Sie können sich sicher vorstellen, dass die einzig mögliche Reaktion, die wirklich Sinn macht, welche an dieser Stelle von einem verstorbenen Vater seinem Sohn gegenüber kommen kann, die ist, dass der Vater ungemein stolz auf die Leistung seines Sohnes ist. Und genau so war es dann auch.

Wieder ein sehr ergreifender und bewegender Moment für alle Beteiligten. Und auch seinen Vater ließ ich Wolfgang umarmen.

Danach bat ich Wolfgang, ein paar Schritte im Geiste zurück zu treten und gab ihm dann noch die Möglichkeit, sich von seinen verstorbenen Eltern zu verabschieden.

Dann holte ich Wolfgang in unsere physische Welt behutsam zurück. Heraus kam er als ein Mensch, der sichtlich gerührt war, der auch während der Meditation geweint hatte und der vor allem seine Jahrzehnte alte Last endlich los geworden war.

Eine Erlösung – diesmal mit Hilfe der Verstorbenen für einen Lebenden. So kann und darf echte Heilarbeit aussehen.

Auch hier sollte man sich bewusst sein, wenn man als Therapeut solch einen Weg beschreiten möchte, dass es sehr viele Möglichkeiten gibt, mit denen sehr gute und nachhaltige Erfolge erreicht werden können.

Und auch hier möchte ich ganz besonders darauf hinweisen, dass es absolut wichtig ist, so gut als möglich als Therapeut aus dem Weg zu gehen bei diesem Heilvorgang. Unterstützen ja, auf jeden Fall – aber je besser man dabei aus dem Weg geht, desto besser funktionieren auch die geistigen Abläufe.

Zusammenfassung

Vielleicht sind Sie selbst ein Mensch, der gerne geistig-energetisch arbeitet und Sie möchten ebenfalls Ihre Tätigkeiten in den Bereich „Arbeiten mit Wesen und Verstorbenen" ausweiten oder vertiefen. Dann mag Ihnen die folgende kurze Zusammenfassung möglicherweise bei Ihrer Tätigkeit hilfreich sein.

– Wählen Sie sich einen geeigneten Ort für die Kontaktaufnahme, am Besten dort, wo das Wesen sich bevorzugt aufhält.

– Legen Sie sich selbst einen geeigneten spirituellen Schutz an, zum Beispiel indem Sie sich in eine Kugel aus weißem Licht setzen, die sie mit den entsprechenden Schutzfunktionen visualisieren: Informationen sollen durch die Lichtkugel in beide Richtungen fließen können und gleichzeitig soll die Lichtkugel für Sie selbst ein Schutz vor allen negativen Einflüssen, Erscheinungen oder Auswirkungen sein.

– Nehmen Sie mit Respekt und aus einer liebevollen Haltung heraus Kontakt zu dem Wesen auf und bitten Sie um ein Gespräch mit ihm.

– Stellen Sie Fragen und versuchen Sie herauszufinden, wo das „Problem" liegt, weshalb das Wesen nicht ins Licht gegangen ist.

– Finden Sie eine brauchbare Lösung für das Problem und bieten Sie diese dem Wesen an. Machen Sie dem Wesen dabei klar, dass es absolut sicher ist, dass der Eintritt ins Licht den besten Weg für das Wesen darstellt, dass es dort Liebe und Frieden findet.

– Akzeptieren Sie die Entscheidung des Wesens, selbst dann, wenn das Wesen jetzt (noch) nicht ins Licht gehen möchte!

– Falls das Wesen in der Zwischenwelt verbleiben möchte, dann machen Sie ihm die Gesamtsituation möglichst klar, damit das weitere Zusammensein mit den Lebenden möglichst harmonisch funktioniert.

– Bedanken Sie sich bei dem Wesen für seine Bereitschaft zum Kontakt!

– Visualisieren Sie eine Lichtsäule aus weißem Licht oder einen anderen Zugang ins Licht, der Ihnen geeignet erscheint, damit das Wesen ins Jenseits eintreten kann. Bei Bedarf erbitten Sie Hilfe aus dem Jenseits, also geistige Wesen, die als Begleiter dienen können. Das ist zum Beispiel auch sehr sinnvoll, wenn es sich um verstorbene Kinder handelt, die nicht alleine ins Licht gehen möchten, weil sie vielleicht Angst haben!

– Und vor allem: Beobachten Sie, was sich zeigt und lernen Sie so viel als möglich daraus.

Ich wünsche Ihnen viel Erfolg und möglichst viele interessante Erfahrungen bei Ihrer Arbeit auf diesem wichtigen Feld. Sie werden sehr vielen Menschen helfen können und noch mehr Verstorbenen oder verwirrten Wesenseinheiten aller nur erdenklichen Art und Form.

Schlusswort

An den gezeigten Beispielen sieht man eines ganz deutlich:

Es ist nichts Gruseliges dabei, mit Verstorbenen Kontakt aufzunehmen. Es ist vielmehr etwas absolut menschliches, mit dem kleinen Nebeneffekt, dass die Verstorbenen, die aus dem Licht heraus zu uns kommen, einen erweiterten Einblick in die großen Zusammenhänge haben, der uns Lebenden oft fehlt.

Wir spüren bei solchen Kontakten auch sehr deutlich, dass jenseits des Lichttunnels ein sehr harmonischer, friedvoller und vor allem ein von Liebe erfüllter Seinszustand vorherrscht. Es gibt dort keine bösen Worte, keine Vorhaltungen. Nur Liebe und Verständnis.

Wenn wir Menschen daran ein Interesse hätten, das Paradies auf Erden zu erschaffen, dann finde ich, wäre es eine ausgezeichnete Idee, wenn wir uns an diesem Gedanken von Liebe und Verständnis füreinander orientieren würden.

In diesem Sinne möchte ich mich bei Ihnen für das Interesse an diesem kleinen Büchlein bedanken. Ich hoffe, meine Worte konnten Ihnen ein klein wenig helfen, manche Dinge im Zusammenhang mit den Seelen von Verstorbenen ein klein wenig besser zu verstehen. Und ich wünsche Ihnen, falls Sie selbst einmal in Kontakt mit irgendwelchen Spukgeistern, Seelen oder anderen unsichtbaren geistigen Wesen kommen, dass Ihnen ein respektvoller und auch liebevoller Erstkontakt gelingt.

Vielen Dank an Sie und Alles Gute!

Ihr Dieter Heri Mader Kipfenberg, 14.10.2011

Literaturhinweise:

Dieter Heri Mader

Geführte Meditationen

ISBN-13: 978-3-9806781-2-4

Dieses Buch beschreibt Schritt für Schritt, wie man Texte für geführte Meditationen selbst erstellen kann.

Es enthält zahlreiche praktische Tipps für die spirituelle Arbeit, so dass der Einstieg in die Welt der Meditation und Spiritualität sicher und ohne Risiken bewältigt werden kann.

Lernen Sie mit diesem Buch, eigene Vorstellungen zielgerichtet in passende Meditationstexte umzusetzen.

Dieter Heri Mader

Die perfekte Scheidung

ISBN-13: 978-3-9806781-5-5

Dieser Ratgeber beschreibt die wesentlichen Meilensteine einer Trennung und Scheidung und möchte helfen, wichtige Aspekte zu erkennen, um zu sinnvollen und zielführenden Entscheidungen zu gelangen.

Es ist sicherlich von großem Interesse, bei einer Trennung möglichst wenig Geld zu verlieren und auch auf lange Sicht eine möglichst positive finanzielle wie auch emotional befriedigende Lösung zu erreichen.

Dieses Buch bietet hierfür eine ganze Reihe praktischer Hinweise und Tipps.